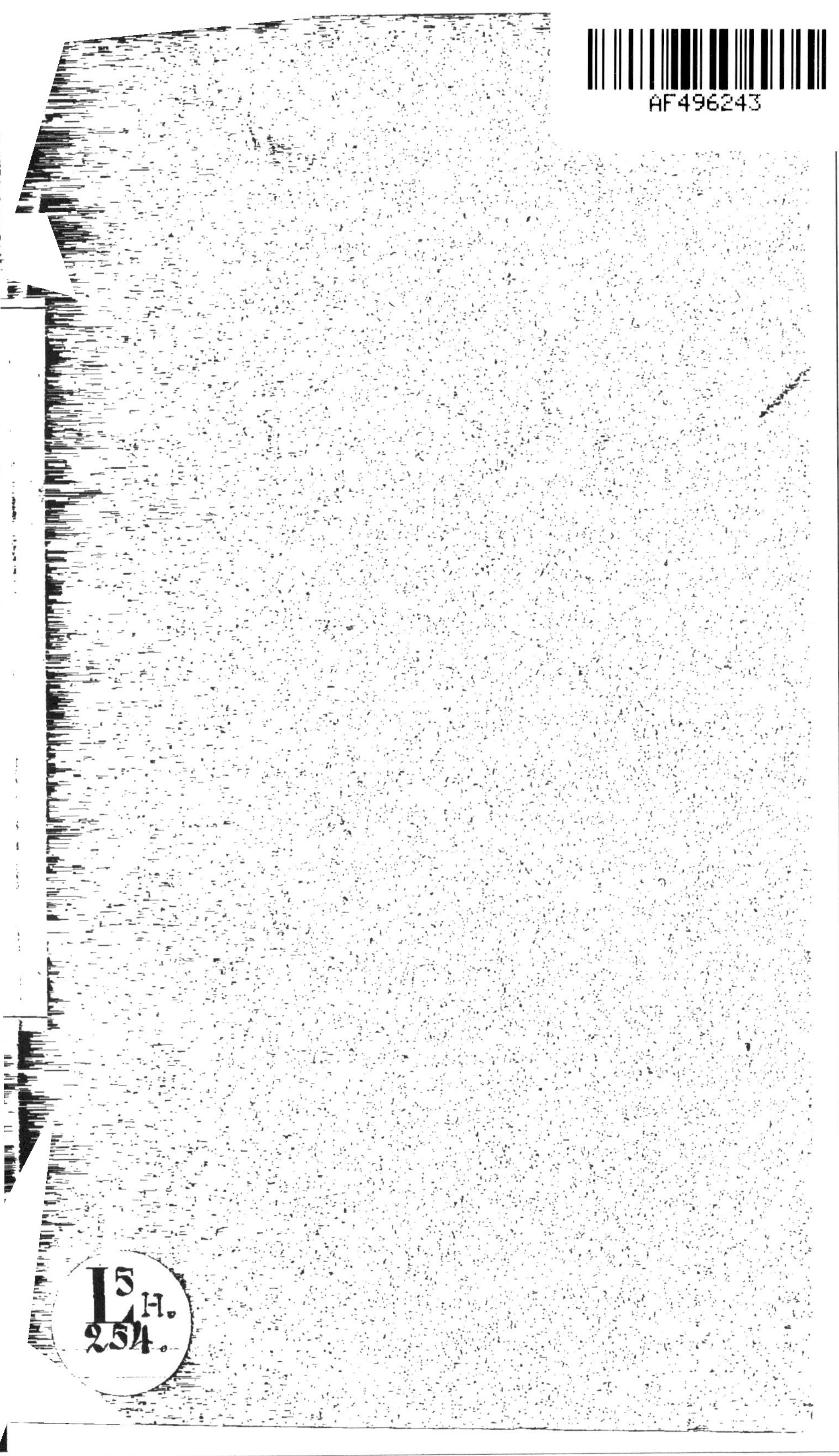

RENSEIGNEMENS HISTORIQUES

SUR

LA ZMALA D'ABD-EL-KADER

TOMBÉE

AU POUVOIR DE S. A. R. MGR LE DUC D'AUMALE

dans la ghazia exécutée le 16 mai à Taguine (1).

Lorsque le télégraphe de Toulon, dans son langage laconique, annonça que la Zmala d'Abd-el-Kader avait été prise ou dispersée, il était facile de comprendre, au style même de la dépêche, que cette nouvelle était d'un grand intérêt; mais, faute de renseignemens précis, l'opinion ne pouvait d'abord en mesurer toute la portée. A la faveur de cette ignorance, quelques esprits enclins à supposer toujours que les belles qualités d'un prince sont des rêves, que ses succès sont des fictions, que ses mérites sont des amplifications obligeantes, annonçaient hautement leurs doutes. Bientôt la correspondance officielle et les lettres particulières vinrent leur imposer silence. Aujourd'hui, d'après de nouveaux renseignemens puisés aux sources les plus certaines, nous pouvons faire connaître quelle fut l'origine de la Zmala, quels en étaient la composition, le but, la manière de vivre, les moyens d'accroissement, et quelles circonstances nous l'ont

(1) Ces renseignemens ont été recueillis près des principaux chefs qui ont été faits prisonniers.

1843

livrée. Aujourd'hui, nous pouvons mesurer exactement quelles ont été les conséquences immédiates de cet audacieux coup de main, et apprécier en même temps quelles pourront en être les conséquences plus ou moins prochaines.

Voici un extrait de ce que transmet à ce sujet M. le lieutenant-colonel Daumas, directeur des Affaires arabes :

L'idée de la Zmala avait été conçue par notre infatigable adversaire, afin que désormais, sans inquiétude pour sa famille, pour celles de ses chefs les plus dévoués, et pour la conservation de ce qu'on appelle ses trésors, il pût se livrer sans réserve au soin de nous créer des embarras et de lutter par tous les moyens imaginables contre notre domination. Il avait vu, de retraite en retraite, tous ses établissemens fixes successivement envahis et détruits par nos soldats; pressé entre le désert et nos colonnes, il comprit que pour sauver les plus précieux débris de sa puissance, il ne lui restait plus qu'un moyen, c'était de les rendre mobiles, comme les tribus les plus mobiles, et de dérober à nos armes, par la fuite, ce qu'il ne pouvait leur disputer par le combat.

Il organisa donc la Zmala ; il y rassembla tout ce qu'il tenait à conserver ; il le plaça sous la garde de ses plus braves et de ses plus fidèles partisans, et l'envoya sur les limites du désert.

Le campement de cette population nomade en fait connaître parfaitement l'organisation ; il était toujours le même, toujours régulier, sauf les obstacles invincibles opposés par le terrain, et se composait de quatre enceintes circulaires et concentriques, où chaque douar, chaque famille, chaque individu avait sa place fixe et marquée, suivant son rang, son utilité, ses fonctions ou la confiance qu'il inspirait.

Dans la description que nous allons en donner, Abd-el-Kader sera souvent nommé l'émir, suivant la coutume de ceux qui lui obéissent.

PREMIÈRE ENCEINTE.

DOUAR DE L'ÉMIR.

La zmala arrivant à son gîte, l'émir plaçait son douar au centre du terrain qu'elle devait occuper.

Ce douar se composait des familles suivantes :

1° Zohra, mère de l'émir ;

2° Khira-bent-bou-Taleub, première femme de l'émir ;

3° Aâycha, seconde femme épousée récemment par l'émir ;

4° Un fils de trois ou quatre ans et un autre à la mamelle ;

5° Deux filles en bas âge ;

6° La famille de Hadj-el-Djilali, conseiller intime de l'émir ;

7° La famille de Mohamed-ben-Faqra, qraznadar de l'émir ;

8° La famille de Si Mohamed-el-Medany, krodja de l'émir ;

9° La famille de Sid-el-Hadj-Mohamed-ben-Moustapha, krodja de l'émir ;

10° La famille de Si Mohamed-ben-Abderrahman, krodja de l'émir ;

11° La famille de Sid-el-Habib-bel-Trary, agha principal de l'infanterie régulière ;

12° La famille de Sid-el-Hachemi-Taleub ;

13° La famille de Ben-Kada, cuisinier de l'émir.

Ce dernier était le seul qui pouvait préparer les alimens de la famille ;

Autour de ces famllles venaient se grouper les tentes de quelques serviteurs dévoués, et le tout pouvait former une réunion de 30 à 35 tentes.

Douar de Sid-el-Hadj-Moustapha-ben-Thamy, beau-frère de l'émir et ex-kalifa de Mascara.

A côté et à l'Ouest du douar de l'émir, se trouvait toujours placé le douar de Sid-el-Hadj-Moustapha-ben-Thamy, son beau-frère, et ex-kalifa de Mascara.

Ce douar se composait des familles suivantes :

1° La première femme du kalifa Qredidja-ben-Mahhyeddin, sœur de l'émir (pas d'enfans) ;

2° La deuxième femme du kalifa Aâycha, fille de Sidi-Abd-Allah-bou-Djelal, ancien cadi d'Oran sous les Turcs ;

3° La famille de Sidi-el-Hadj-el-Bograry, ex-kaïd de Mascara, et ami intime du kalifa ;

4° La famille de Sid-el-Hadj-Tahar, frère de l'ex-kaïd de Mascara, qui était ordinairement employé par le kalifa à des missions diplomatiques ou commerciales, dans le Maroc ou à Tunis.

5° La famille de Hadj-Zyan, cousin de l'ex-kaïd de Mascara ;

6° La famille de Hadj-Bouâalam, trésorier de l'émir, à Mascara ;

7° La famille de Si Thamy, trésorier du kalifa ;

8° La famille de Si Mohamed-Bouzid, premier krodja du kalifa ;

9° La famille de Si Abderrahman-ben-Morssely, conseiller intime du kalifa ;

10° La famille de Si Mohamed-el-Cherchaly, bache-tobdjy, c'est-à-dire chef de l'artillerie ;

11° La famille de Sid-el-Arby-ben-Messahal, krodja de l'infanterie régulière.

Autour de ces familles venaient se grouper celles des serviteurs les plus devoués, des esclaves, etc.; le tout pouvait former de 25 à 30 tentes.

Douar d'El Hadj-Abd-el-Kader-Bou-Qeliqra, ex-kaïd de Zedama.

A côté et à l'Est du douar de l'émir se trouvait toujours placé le douar d'El-Hadj-Abd-el-Kader-Bou-Qeliqra, ex-kaïd de Zedama.

Il se composait des familles suivantes :

1° La famille de kaïd de Zedama ;

2° La famille de Si Hamed, son frère ;

3° La famille de Si Mohamed-Legrâa, son frère ;

4° La famille de Si el-Arby, krodja du kaïd.

Autour de ces familles venaient se grouper celles des chaouchs, des domestiques, des nègres, des négresses ; et le tout pouvait former une quinzaine de tentes.

Au moment de la prise de la zmala, Hadj-Abd-el-Kader-Bou-Qeliqra se trouvait retenu hors du combat par une blessure reçue dans la ghazia de l'émir sur les Zedama. Il a été sauvé par quelques serviteurs dévoués.

Douar de Miloud-ben-Arrach, ex-agha du Cheurg, devenu kalifa depuis peu, et conseiller intime de l'émir.

A côté et au Nord de la tente de l'émir se trouvait toujours placé le douar de Miloud-ben-Arrach.

Il se composait des familles suivantes :

1° La famille de Miloud-ben-Arrach ;

2° La famille de Si Caddour, son fils ;

3° La famille de Caddour-el-Guisi, trésorier de Miloud-ben-Arrach ;

4° La famille de Si Hamed, fils de Caddour-el-Guisi ;

5° La famille de Adda-bou-Azza, beau-frère de Miloud-ben-Arrach ;

6° La famille de Mohamed-ben-Kaouadjy, ami de Miloud-ben-Arrach ;

7° La famille de Hadj-Hamed-Ould-el-Aâzry, kalifa de Miloud-ben-Arrach.

Autour de ces familles, celles des serviteurs, etc., le tout pouvant former de 15 à 20 tentes.

Douar de Sid-el-Hadj-Mohamed-bel-Qraroubi, premier secrétaire de l'émir, son ami intime, devenu récemment kalifa des Flitas.

A côté et au Sud du douar de l'émir se trouvait toujours placé le douar de Sid-el-Hadj-Mohamed-bel-Qraroubi.

Il se composait des familles suivantes :

1° La famille de Sid-el-Hadj-Mohamed-bel-Qraroubi (1) ;

2° La famille de Mohamed-Ould-el-Hadjy-Aly, agha des Hachems-Guerraba ;

3° La famille de Sid-el-Missoum-bel-Ghettam, l'un des aghas de l'infanterie régulière ;

4° La famille de Si Berkani, l'un des krodjas de l'infanterie régulière ;

5° La famille de Si Mohamed-ben-el-Mezôo, l'un des krodjas de l'infanterie régulière ;

6° La famille de Si Mohamed-bel-Bordjy, ami intime de Bel-Qraroubi.

Autour de ces familles, celles des serviteurs, etc., le tout formant une douzaine de tentes.

SECONDE ENCEINTE.

Une seconde enceinte était formée par les douars de Sidi-Mohamed-ben-Aâllal-Ould-Sidi-Embarek, ex-kalifa de Miliana, de Ben-Yahia-el-Djeunn, agha de la cavalerie régulière, le douar des Chaouchs, et enfin par celui d'El-Hadj-el-Habib-Oulid-el-Mehor, ancien consul de l'émir à Oran, pendant la paix.

Douar de Sid-Mohamed-ben-Aâllal-Ould-Sidi-Embarek, ex-kalifa de Miliana.

1° La famille du kalifa, prise au nombre de 51 personnes, parmi lesquelles le fils, le frère, le trésorier, l'intendant du kalifa, quatre artilleurs, six fantassins réguliers ;

2° La famille de Si Mahhyeddin-ben-Aâllal, frère du kalifa ;

3° La famille de Si El Hadj-Seghrir, ex-bey de Milyana.

4° La famille de Si El-Hadj-Caddour, pris avec douze personnes, son frère, son cousin ;

5° La famille de Si El-Hadj-Cherif, krodja de Ben-Aâllal, pris avec son fils et huit personnes ;

6° La famille de Si Caddour-ben-Rouilah, premier krodja du kalifa ; huit prisonniers, parmi lesquels son fils ;

7° La famille de Si Hamed-ben-Laqredar, cadi de l'armée, pris avec son frère, son fils, ses neveux et douze personnes ;

8° La famile de Si Mohamed-Ould-Sidi-el-Habechy, marabout vénéré de la Metidja, pris avec sept personnes ;

(1) Quatre-vingt-cinq prisonniers, parmi lesquels son fils, ses deux neveux, un fils de Miloud-ben-Arrach, un cousin-germain d'Abd-el-Kader, le chef d'artillerie, un secrétaire, un tambour-major, et le tailleur des réguliers, le sellier et le bourrelier d'Abd-el-Kader.

9° La famille de Si Moustapha-ben-Aâïssa, oukil de Taza;

10° La famille de Mohamed-ben-Nyar, qraznadar du kalifa;

11° La famille de Caddour-Kaouadjy, intendant de la maison du kalifa;

12° La famille de Hamed-ben-Turkya, ami du kalifa, pris avec son fils, son neveu et sept personnes;

13° La famille de Rachedy, bache-chaouch du kalifa, sept prisonniers, parmi lesquels sa mère.

Autour de ces familles, celles des serviteurs, etc., le tout formant de 25 à 30 tentes.

Douar de Ben-Yahià-el-Djeunn, agha de la cavalerie régulière.

Ce douar pouvait former de huit à dix tentes.

Cet agha campait toujours à côté de l'émir, dont il était très aimé, à cause de sa bravoure.

Douar d'El-Hadj-el-Habib-Ould-Mehor, ancien consul de l'émir, à Oran, pendant la paix.

Ce douar pouvait former de sept à huit tentes.

Hadj-el-Habib-Ould-Mehor était aussi un homme très aimé par l'émir, qui le consultait souvent pour les affaires françaises.

Douar des Chaouchs.

Ce douar pouvait former de sept à huit tentes, il était composé de gens sûr la bravoure et sur la fidélité desquels on pouvait compter. Ce sont eux qui étaient chargés de la police de la première et de la deuxième enceinte.

TROISIÈME ENCEINTE.

La troisième enceinte était absolument formée par les Hachems Cherraga et Guerraba, qui, dans les premiers temps se trouvaient peu nombreux, mais qui, au moment de la prise de la Zmala, l'étaient beaucoup, parce que l'émir venait de les enlever à peu près tous dans la plaine d'Eghriss.

Les Oulad-el-Abass, une partie des Mehamid, les Cyayra et les Galaouat n'ont cependant jamais quitté la zmala, même dans les temps les plus difficiles.

Voici le classement des fractions des Hachems, au moment de la prise de la zmala :

1° Les Oulad-el-Abass, fraction des Hachems-Cherraga, formant une trentaine de douars, tous commandés par l'Agha Adda-Ould-Mohamed-Ould-Tefeunchy; ci 30

Cet Adda-Ould-Mohamed-Ould-Tefeunchy n'a jamais quitté l'émir, et c'est l'un des chefs qu'il serait le plus important de gagner.

2° Les Mehamid, fraction des Hachems-Cherraga, formant une quinzaine de douars, tous commandés par l'agha

Sassy; ci 15

Ce Sassy est alterné pour le pouvoir par Adda-Ould-Mohamed et ne nous est également jamais venu.

3° Les Cyayra, fraction des Hachems-Cherraga, formant une quinzaine de douars, tous commandés par l'agha Abd-el-Kader-Ould-Gayeud, et Ben-Haoua, son kalifa; ci 15

Cet Abd-el-Kader-Ould-Gayeud alternait pour le pouvoir avec les deux aghas ci-dessus mentionnés. Il passe pour un homme capable, et l'émir en fait le plus grand cas.

4° Les Oulad-el-Qramessa et les Garaouat (Hbal-Teghnifine), formant une quinzaine de douars commandés par El-Hadj-Abda-el-Qrallady; ci.................................. 15

Ce chef passe pour un très brave homme, affligé des malheurs que l'émir fait peser sur son pays.

5° Les Deradeb, fraction des Hachems-Cherraga, formant une dizaine de douars; ci 10

6° Les Oulad-Baghedad-Ben-Aâouf, fraction des Hachems-Guerraba, formant quatre douars; ci 4

7° Les Oulad-Rahhou, fraction des Hachems-Guerraba, formant une dizaine de douars; ci 10

8° Les Oulad-Berkani, fraction des Hachems-Guerraba, formant huit douars commandés par Bouzyan, kaïd des Mekahlias de l'ex-kalifa de Mascara; ci. 8

Cet homme est l'un de ceux qui ont le plus contribué à l'enlèvement des Hachems; il avait fait sa soumission à Mascara, puis il a trahi.

9° Les Oulad-Abbad, fraction des Hachems-Guerraba, formant une trentaine de douars et commandés par l'agha Selyman-Ould-el-Hadj-el-Medjahedy, qui avait en outre l'administration générale des Hachems-Guerraba; ci 30

Cet homme représente pour les Hachems-Guerraba, ce qu'est Adda-Ould-Mohamed pour les Hachems-Cherraga. L'émir l'aime beaucoup, son influence est grande et il est entré pour beaucoup dans le récent enlèvement de cette dernière tribu.

10° Les Oulad-Abd-el-Ouahhed, fraction des Hachems-Guerraba, formant une vingtaine de douars commandés par El-Habib-bel-Guesseyr, qui a beaucoup déterminé la trahison des Hachems; ci 20

11° Les Metchachine-el-Ouad, fraction des Hachems-Guerraba, formant une douzaine de douars; ci 10

12° El-Assessena-Metâa-Ouad-el-Hamam, fraction des Hachems-Guerraba, formant une quinzaine de douars; ci. . 15

13° Douairs-Metâa-Ouad-el-Hamam, fraction des Hachems-Guerraba, formant une dizaine de douars commandés par Mohamed-Ould-Aly; ci 10

Ce Mohamed-Ould-Aly était bache-sayss du bey Hassan, à Oran; c'est un homme très sage et qui a été enlevé de force.

14° Les Mezaoura-Hhal-Tifroura et Oulad-ben-Dahha, fraction des Hachems-Guerraba, formant une quinzaine de douars commandés par Mohamed-ben-Chentouf; ci. 15

Pris avec douze personnes de sa maison, son fils, un ami, etc.

Total. 207

QUATRIÈME ENCEINTE.

La quatrième enceinte, plus ou moins rapprochée des enceintes principales, suivant les difficultés du terrain, l'eau, les bois ou les pâturages, était formée par les tribus du désert qui s'étaient attachées à la fortune de l'émir.

En voici les noms :

1° Les Oulad-Qrelif, formant une cinquantaine de douars commandés par El-Qrerouby et Rebah, son cousin, ci. . . 50

Cet El-Qrerouby est un homme très influent dans le désert, qui avait fait sa soumission, à Mascara, et qui ensuite est revenu à l'émir. Comprenant son importance, Abd-el-Kader lui a pardonné et le traite avec beaucoup d'égards.

2° Les Beni-Medyan, formant une vingtaine de douars. 20

3° Les Oulad-Cherif, formant une douzaine de douars. . 12

4° Les Beni-Chayb, formant une trentaine de douars commandés par le fameux El-Djedid, ci. 30

5° Les Oulad-Sidi-Mansour, formant une huitaine de douars. 8

6° Les Harar-Cherraga, formant une vingtaine de douars. 20

7° Les Oulad-Sidi-Keurake, formant six douars. . . . 6

Total. 146

Ces tribus du désert n'étaient véritablement maintenues que par la volonté des chefs les plus influens, que l'émir s'attachait par des présens, l'appât du pillage, de l'argent, ou le mobile de la religion.

Au premier rang, l'on comptait El-Djedid, chef des Beni-Chayd, et El-Qrerouby, chef des Oulad-Qrelif.

Nota. Entre la troisième et la quatrième enceinte se trouvait toujours placé le petit camp de Si-Caddour-ben-Abd-el-Baki, kalifa du désert, formant cinq ou six douars, composés pour la plupart des Bessera, marabouts des Oulad-Cherif.

Les individus les plus influens qui étaient avec ce kalifa, sont :

Si el-Hadj-Hamed, son frère;

Et Si el-Hadj-Ben-Aâïssa, son oncle.

Le kalifa Si-Caddour-ben-Abd-el-Baki est un marabout très respecté dans le désert ; l'émir a su s'en servir pour y asseoir son autorité.

On conçoit que sa place ait été assignée par l'émir entre la troisième et la quatrième enceinte, puisqu'il commandait aux tribus du désert, qui étaient toujours les plus avancées.

Récapitulation générale de tous les douars.

Première enceinte	5
Deuxième enceinte	4
Troisième enceinte	207
Quatrième enceinte	146
Entre la troisième et la quatrième enceinte	6
Total	368

OBSERVATIONS.

L'organisation de la Zmala de l'émir une fois connue, on voit qu'il était pour ainsi dire impossible d'arriver jusqu'à la tente d'Ab-el-Kader, sans être découvert, arrêté et immédiatement mis à mort. Il n'était pas plus facile de fuir avec sa famille et ses biens, quand une fois on avait eté incorporé dans cette émigration.

En effet, il aurait fallu, pour obtenir ce résultat, traverser plusieurs enceintes qui se surveillaient les unes les autres, et qui n'étaient peuplées, en général, que de gens malheureux épiant toujours l'occasion de s'enrichir par le pillage. L'émir l'avait bien compris, et il avait fait publier cet ordre laconique : *De quiconque fuira ma Zmala, à vous les biens, à moi la tête.*

Il y avait, au surplus, un système d'espionnage tellement bien organisé, que l'idée de hasarder une évasion ne venait à personne, quelque désir qu'il éprouvât de se rapprocher de nous.

Un petit corps d'infanterie et d'artillerie régulière fort de 400 ou 450 hommes, suivait toujours le sort de la Zmala. Il campait ordinairement entre la deuxième et la troisième enceinte, à gauch et en arrière du douar de Miloud-ben-Arrach.

Cette troupe ne faisait pas un grand service; elle était chargée de veiller à la garde particulière du douar de l'émir ou des douars de ses chefs principaux. C'est elle qui faisait encore les exécutions le plus souvent ordonnées par El Hadj-el-Djilali, conseiller intime de l'émir. Elle était bien armée, mais mal vêtue, mal nourrie, mal payée, et n'éprouvait véritablement un peu de bien-être que quand la ghazia et le pillage venaient la dédommager de ses longues abstinences.

La cavalerie régulière paraissait rarement dans la zmala; elle était toujours en course, avec les chefs les plus capables chargés d'aller pousser les tribus à la révolte.

L'émir, bien convaincu *qu'il ne pourrait jamais rien que par l'aristocratie du pays,* avait pris le parti de chercher à s'emparer, par tous les moyens possibles, des chefs les plus influens dont il craignait le passage dans le camp français. C'est ainsi qu'il a maintenu beaucoup de tribus qui désiraient notre domination, et qu'il en a repris beaucoup aussi qui nous étaient venues.

Les ôtages appartenant aux tribus de l'Est campaient à la droite et en arrière du douar de Miloud-ben-Arrach, et ceux de l'Ouest auprès du douar de l'agha des Hachems-Cherraga ; ceux enfin qui lui étaient amenés sans leurs familles et sans leurs biens, étaient placés tout simplement dans le camp de l'infanterie régulière.

L'infortuné Mohamed-bel-Hadj, agha des Beni-Ouragh, était au nombre de ces derniers. La veille de la prise de la Zmala, il devait être étranglé par ordre de l'émir, et l'agha de l'infanterie régulière, dans la tente duquel il s'était réfugié, avait pris sur lui de retarder son exécution. On ignore s'il a pu se sauver au milieu de la confusion générale.

La *Qrazena*, ou ce qu'on appelle le trésor de l'émir, était toujours placée entre le douar d'Abd-el-Kader et celui de Miloud-ben-Arrach.

On pourrait s'étonner de ne pas trouver dans la nomenclature de tous les chefs influens qui comptent dans la zmala, les noms des Oulad-Sidi-Aly-bou-Taleub, cousins germains de l'émir. En voici la raison :

Sidi-Aly-bou-Taleub, frère du père de l'émir, est mort chez les Beni-Aâmeur; il a été enterré à Tlemcen. Ses enfans n'ont pas voulu assister à tous les malheurs qui affligent leur pays et ils se sont retirés avec tous leurs biens à Fass, dans les états de l'empereur du Maroc. Les dispositions de cette famille à l'égard de l'émir, n'ont du reste jamais été bienveillantes. M. le lieutenant-colonel Daumas a eu l'occasion de s'en assurer plusieurs fois, pendant qu'il remplissait les fonctions de consul de France à Mascara ; on aurait pu tirer un grand parti de ces dissensions.

Le même étonnement doit exister pour les frères d'Abd-el-Kader, dont pas un seul n'est avec lui. Si Mohamed-Saïd, Si Moustapha, Si El-Haoussin et Si El-Moqretadi, se sont transportés chez les Beni-Zenassen, où ils ont trouvé une retraite assurée. S'y sont-ils rendus pour vivre loin des agitations politiques, ou pour essayer de révolutionner en temps opportun les populations de la province de Tlemcen, voilà ce qu'on n'a pu encore éclaircir.

La famille de Sid-Mohamed-ben-Aïssa-el-Berkani, ex-kalifa de Medya, n'a jamais paru dans la zmala.

Il en est de même de Sid-Mohamed-el-Bouhamedy, ex-kalifa de Tlemcen, qui a reçu l'ordre de s'établir chez les Beni-Zenassen, afin d'être prêt à agir dans l'Ouest quand le temps en serait venu.

L'émir ne paraissait dans la Zmala que de loin en loin. Se croyant tranquille sur le sort de sa famille, il passait sa vie à chercher à nous susciter des embarras, soit en maintenant dans sa dépendance les tribus qui voulaient notre domination, soit en révolutionnant celles qui avaient fait leur soumission à la France. Il était secondé dans tous ses desseins par les chefs qui l'entouraient et qui menaient la même existence. Dans l'espace de deux années, l'émir n'a pas passé deux mois avec la Zmala.

Natale Manucci, qui, marchant sur les traces de son frère Nicolis Manucci, a cherché à nous faire tant de mal, n'était plus dans la zmala au moment où elle a été enlevée. Tombé en discrédit par l'une des proclamations de M. le gouverneur-général, il avait été relégué déjà, depuis quelque temps, dans la tribu des Oulad-Kesseyr chez Djilali-Ould-Seyah.

Pendant l'absence de l'émir, la Zmala était ordinairement commandée ou par son beau-frère le kalifa Sid-el-Hadj-Moustapha-ben-Thamy, ou par l'agha Miloud-ben-Arrach, ou par le caïd El-Hadj-Adb-el-Kader-Bouqeliqra, ou par El-Hadj-Djilali, son conseiller intime. Celui de ces quatre chefs qui n'était pas en course avec lui, était chargé de pourvoir aux besoins de la zmala, comme à son salut en cas de danger.

Il va sans dire qu'il y avait dans la zmala un *va-et-vient* continuel d'étrangers. Les chefs qui venaient ou s'y plaindre, ou observer, ceux qui allaient nous y trahir, leur suite, les courriers, les Arabes qui en fréquentaient les marchés, les nouvelles qu'on y faisait courir, tout contribuait à donner la vie à cette population voyageuse. Joignez à cela qu'on y trouvait des armuriers, des maréchaux, des selliers, et des Juifs bijoutiers, ou tailleurs.

Les nombreux marchés qu'on y tenait et qui étaient assez bien pourvus, faisaient aussi qu'elle pouvait véritablement se suffire, eu égard au peu de besoins qu'éprouvent les Arabes.

Suivant les positions que la zmala occupait, elle allait par grands convois, acheter des grains chez les Beni-Ouragh, Oulad-Ammar, Oulad-Si-Rebah, Oulad-Bessam, Beni-Tighrine, El-Aassanine, Chekala, Beni-Messlem, Oulad-Aarradje, Oulad-Faress et chez les Flitas du Sud.

Il y avait encore deux petites tribus du désert, les Oulad-Sidi-Mansour et les Oulad-si-el-Keurake, qui ne faisaient pas d'autre métier que d'acheter du grain dans le Tell, pour le revendre avec bénéfice à la Zmala.

Avant l'arrivée des Hachems dans la zmala, les grains n'ont jamais atteint un prix très élevé ; l'augmentation subite de la population l'avait presque doublé.

En résumé, l'on peut dire que si la zmala a mené une vie extrêmement dure dans le désert, elle a plus souffert par les fatigues des marches et contre-marches, que par la faim qui a tout au plus atteint les dernières classes de cette émigration. Dans les déplacemens il mourait au contraire beaucoup de monde ; c'étaient les vieillards, les enfans, les femmes enceintes, les malades, et enfin tout ce qui ne pouvait supporter ni la soif ni d'aussi pénibles excursions.

Les prisonniers ont dépeint ce triste état de choses, en disant : « *A chaque gîte nous laissions un petit cimetière.* »

Pour soutenir le moral de toute cette population et l'engager à continuer de pareils sacrifices, tous moyens étaient bons; cadeaux, mensonges, ruses, fausses lettres, on ne reculait devant rien. Parmi les chefs de l'émir, c'était à qui s'ingénierait dans ce genre, et ceux qui se sont montrés les plus féconds en ressources semblables, sont : l'Agha Miloud-ben-Arrach, El-Hadj-el-Djilali, Mohamed-ben-Abderrahman, Sid-el-Hadj-Moustapha-ben-Thamy, Ben-Faqra, Adda-Ould-Mohamed-Ould-Tefeunchy, Abd-el-Kader-Ould-Gayeud, et Seliman-Ould-el-Hadj-el-Medjahedy :

Tantôt les Français, en guerre avec les Anglais, étaient forcés de diminuer leurs forces; tantôt Mouley-Abderrahman, empereur du Maroc, s'avançait avec une grande armée ; tantôt Ben-Aâllal avait remporté une victoire éclatante sur les chrétiens ; tantôt les maladies les décimaient sur tous les points ; tantôt le général Moustapha-ben-Ismayl avait abandonné notre cause; tantôt ruinés par nos énormes dépenses, nous demandions la paix ; et enfin le gouverneur général était changé. Pour chacun de ces mensonges, le pouvoir ordonnait des *fantasias* et de grandes réjouissances ; les chefs n'étaient pas dupes, mais le peuple croyait, et il continuait à marcher dans le désert sans murmurer.

Maintenant que nous avons fait comprendre la force et l'organisation de la Zmala de l'émir, l'on voit combien il était impossible à une ou même à plusieurs tribus isolées de s'opposer à la marche d'Abd-el-Kader dans le désert Il s'y promenait donc en maître, allait où il lui plaisait, y campait où il voulait, recevant partout les hommages et les secours des tribus, qui se regardaient encore très heureuses de ne pas être saccagées par les milliers de corbeaux qu'il traînait à sa suite.

Pour terminer cet aperçu, il ne nous reste plus qu'à faire un historique rapide des derniers mouvemens de la Zmala.

Pendant les deux années que la zmala a passées dans le désert, elle n'est pas sortie de l'espace compris entre les limites suivantes : à l'Ouest, elle n'est jamais arrivée qu'à une journée de marche de Dayet-el-Qahla dans le pays des Hamyan; à l'Est, elle n'est jamais arrivée que jusqu'à El-Melehh dans le pays des Oulad-Nayl ; au Sud, elle n'a jamais dépassé Taguine. Quand elle a été enlevée, elle se dirigeait cependant sur Djebel-Aâmour, à deux petites journées de marche Sud, au-delà de Taguine ; elle ne savait trop comment elle y serait reçue par la population de ces montagnes, mais elle se sentait de taille à la dominer de gré ou de force; au Nord, elle s'est arrêtée dans les environs de El-Louha.

Nous n'entreprendrons pas de faire le relevé exact des marches de la zmala, mais nous donnerons cependant la connaissance des lieux principaux où elle a pu trouver de l'eau et des pâturages pendant un aussi long espace de temps :

El-Louha, sur l'ouad Terâyche, pays des Oulad-Lekreud ;
Susellem, sur l'ouad Susellem, pays des Beni Lent ;
El Benya, sur l'ouad el Benya, pays des Oulal-Sidi-Mansour ;
El Zarrite, sur l'ouad Zarrite, pays des Aôussat ;
El Nador, sur l'ouad-Nador, pays des Harar Cherraga
Sidi Aabeud, sur l'ouad sidi Aabeud, pays des Bessera,
El Gueroune, sur l'ouad Gueroune, pays des Haomer;

Dhar el Aadjadje, sur l'ouad de ce nom, pays des Beni Mâayda;
Ben Temera, sur l'ouad Temera, pays des Oulad-Bessam Cherraga;
Mesekhat, sur l'ouad de ce nom, pays des Oulad Aamar;
El Qremis mtâa Kerâyche, sur l'ouad Qremis, pays des Kerâyche;
El Had, sur l'ouad el Had, pays des Beni-Tigrin;
Oulad Bou Selyman, sur l'ouad de ce nom chez les Oulad-Bou-Selyman;
Oulad-Bessam, sur des sources nombreuses;
El Aânasseur, sur l'ouad el Aânasseur, dans le pays des Oulad-Qrelif;
Oussenqrr ou Reghraye, sur la rivière de ce nom, dans le pays des Harrars;
Aâyoun el Beraneus, sur des sources nombreuses, pays des Beni-Medyan;
Sidi Sâad, sur l'ouad de ce nom, pays des Oulad-Sidi-Qraleud;
Taguine, sur des sources, pays des Oulad-Sidi-Aâyssa;
Tameda, sur l'ouad de ce nom, pays des Oulad-Scherif;
Nar Ouasseul, sur des sources nombreuses, pays des Oulad-bel-Aârby;
Goudjila, sur l'ouad de ce nom, pays des Oulad-Qrelif;
El Semyra, chez les Bou-Aâych;
El Melehh, chez les Oulad-Nâyl.

Tels sont les points capitaux que, dans ses courses vagabondes, la Zmala a successivement occupés, quittés, repris et abandonnés de nouveau, suivant les circonstances qui dominaient sa position, tant sous le rapport de la vie matérielle que de son salut. Ces renseignemens pourront peut-être encore servir.

La Zmala a passé la fin de l'hiver dernier à Harmela, sur l'ouad-Sussellem à deux journées de marche Sud de Tekedempt. Instruite qu'on était à sa poursuite, elle erra pendant une vingtaine de jours dans le désert, campant où elle trouvait de l'eau et semant la route de ses cadavres. Après cette période, et au commencement du printemps, elle vint s'établir chez les Oulad-Qrélif dans un lieu qu'on nomme El-Benya, à quatre journées Sud de Tekedempt. Elle y resta quarante-trois jours et s'y remit de toutes ses fatigues, car elle y trouva de l'eau, du bois et des pâturages pour les nombreux troupeaux qui marchaient avec elle. C'est là que l'émir, absent depuis long-temps, vint rejoindre sa famille. Il se peignit comme vainqueur, il apporta beaucoup d'argent qu'il venait de prélever sur les tribus; il le distribua à son armée régulière, ainsi qu'aux plus nécessiteux des tribus qui marchaient avec lui : Grandes réjouissances dans la Zmala.

L'herbe venant bientôt à manquer, Abd-el-Kader emmena lui-même tout son monde à el Nador dans le pays des Harrars Cherraga, à une forte journée Ouest de El-Benya. La zmala n'y resta que quelques jours, parce que des nouvelles alarmantes lui parvinrent.

Le kalifa Moustapha-ben-Thamy la conduisit en conséquence à el Aânasseur dans le pays des Oulad Qrelouf à une journée de marche Est de El Nador, tandis que l'émir, de sa personne, se transporta chez les Beni-Ouragh.

La zmala passa quelques jours à el Aânasseur où elle put se remettre de ses fatigues. Pendant ce repos, l'émir à la tête de toute sa cavalerie régulière, des Beni-Messelem, Beni-Medyan, Chekala, et d'une partie des Beni-Ouragh, se transporta rapidement dans la plaine d'Eghriss où il opéra sa jonction avec Caddour-ben-el-Mekki, Chiqrr de Djâafera, qui lui amenait tout son monde.

Une fois en relation avec les Djâafera, il força tous les Hachems Cherraga ou Guerraba, dont il put s'emparer, à le suivre avec tous leurs biens, prit avec eux le chemin des Agoubias au dessus de Frenda et les amena à El Nador.

Il fut alors chercher lui-même sa zmala qui était encore à El Aânasseur, la conduisit à El Nador et la lia avec les Hachems qui venaient d'arriver. On ne peut se faire une idée de la joie qui accompagna cette réunion : Le sultan était vainqueur, c'était le commencement d'un avenir meilleur ; les partisans d'Abd-el-Kader ne manquèrent pas d'exagérer l'importance de ce fait, en donnant eux-mêmes avec affectation des témoignages de satisfaction, d'espérance ; et alors, content ou mécontent, chacun fut forcé de se réjouir.

Rien d'extraordinaire ne signala plus la présence de la zmala à El Nador, si ce n'est la mort de trois courriers des Harrars, qu'on trouva porteurs de lettres par lesquelles les chefs de ces tribus appelaient à grands cris les Français. Ils furent décapités et éventrés devant la tente de l'émir.

Sur ces entrefaites, l'émir fut instruit positivement que les Harrars sur lesquels il comptait, voulaient définitivement passer aux Chrétiens. Résolu de s'y opposer par tous les moyens possibles, il ne perdit pas un seul instant, et se mit à leur poursuite avec toute la zmala, Le premier jour, il campa à Sidi-Qrelifa, à une forte journée de marche d'El Nador.

Le second jour il se rendit à Queltet-Sidi-Bouzid, à une journée Ouest de Sidi Qrelifa, et enfin le troisième jour il vint camper à Oussenqrr ou Reghraye à une journée Ouest de Queltet-Sidi-Bouzid.

Là, l'émir fut prévenu par ses coureurs que la proximité où il se trouvait de la tribu des Harrars rendait possible une ghazia sur eux. Il en donna l'ordre, et bientôt tout ce qu'il y avait de valide dans la zmala se mit en marche. C'était un spectacle surprenant que cette population tout entière, fantassins, cavaliers, hommes valides, vieillards et enfans, munis d'armes diverses, ou tout simplement de bâtons, se lançant à la poursuite d'une autre population également nombreuse qui passait aux Français. Les forces trahirent leur courage ; les Harrars étaient prévenus, et ce qui put arriver de la zmala de l'émir, après un jour et une nuit de marche, ne tomba que sur le bivouac abandonné de cette tribu. L'émir voyant le coup manqué ne pensa plus qu'à sauver la zmala, et il l'envoya à

Taguine. Elle mit quatre jours pour s'y rendre, et c'est le lendemain qu'elle fut enlevée, avec autant de hardiesse que de bonheur, par S. A. R. Mgr le duc d'Aumale.

Ici, laissons parler les Arabes :

« Le 15, nous arrivâmes à Taguine ; la tranquillité et la con-
» fiance régnaient dans notre camp. Cependant elles furent troublées
» un instant par un murmure sourd qui courut sur tous les points
» de la Zmala avec la rapidité de l'éclair ; mais ce bruit, qui ve-
» nait de naître, s'évanouit aussitôt, et voici comment :

» Des courriers du kalifa Si-Mohamed-ben-Aallal apportèrent la
» nouvelle qu'une colonne française se montrait dans la direction
» de l'Est. On transmit précipitamment cet avis désastreux à el
» Hadj-el--Djilali, conseiller intime de l'émir, qui s'empressa de
» le démentir et de le faire démentir, en publiant que les Fran-
» çais étaient au contraire à Tyaret (le général de Lamoricière
» était en effet dans cette direction) et bien surveillés par l'émir en
» personne.

» Cette opinion prévalut d'autant plus qu'elle était dans la
» croyance de tous les chefs, qui en avaient reçu une communica-
» tion récente par les émissaires d'Abd-el-Kader. En effet, l'at-
» tention de l'émir était toute reportée vers l'Ouest, où la division
» de Mascara lui donnait de sérieuses inquiétudes.

» Nous passâmes la nuit très tranquillement ; mais le 16, de
» très bonne heure, nous entendîmes les premiers coups de feu de
» la cavalerie française, et nous aperçûmes quelques burnous
» rouges.

» Beaucoup d'entre nous ne voulaient encore voir dans cette
» première démonstration que l'arrivée de l'émir lui-même, et ils
» ne furent détrompés totalement que quand cette cavalerie, s'é-
» lançant à la charge, commençait à dépasser les tentes les plus
» avancées.

« C'est alors que la stupeur s'empara de tout le monde ; la peur
» paralysa notre intelligence et immobilisa les mouvemens même
» des plus braves. La frayeur appela le désordre. Le désordre fit
» naître la déroute ; nous étions au surplus embarrassés par les
» cris de nos femmes et de nos enfans, des mourans, des blessés,
» et nous dûmes subir la loi du vainqueur.

» Quand, après notre reddition, nous pûmes reconnaître la fai-
» blesse numérique de ce vainqueur, *le rouge de la honte couvrit*
» *nos visages* ; car si chaque homme de la zmala avait voulu com-
» battre, ne fût-ce qu'avec un bâton, les vainqueurs eussent été
» les vaincus ; mais les décrets de Dieu ont dû s'accomplir. »

On peut ajouter une foi d'autant plus grande aux détails qui précèdent qu'ils nous ont été fournis par nos ennemis.

L'occasion se présenta témérairement belle ; cette masse imposante était là sous l'impression d'un coup décisif ; il fallait ou battre en retraite devant la chance *probable* de prendre Abd-el-Kader lui-même, sa famille, les personnages les plus importans de son gouvernement, ses cliens, ses ôtages, un matériel considérable, un bétail nombreux, ou attaquer inopinément et avec impétuosité. S. A. R. Mgr. le duc d'Aumale ne balança pas un seul instant ; il s'écria avec l'accent mâle de son jeune courage : *Je suis d'une famille où l'on ne recule jamais*, mit le sabre à la main, s'élança à la tête de nos cavaliers, et la Zmala tomba en son pouvoir.

La réussite a couronné tant de vaillance, et l'armée est heureuse de devoir à son prince l'un des plus beaux fleurons qu'elle ait conquis en Algérie par treize années de combats et de dévoûment. Français et indigènes, amis ou ennemis, tout le monde rend hommage à ce beau trophée.

Le nombre et l'importance personnelle de ceux qui ont péri dans le choc restent encore inconnus.

Nous avons déjà cité les principaux d'entre les prisonniers ; il faut y joindre : El-Hadj-ben-Aâtou et Djelloul-Ould-Abderrahman, chefs secondaires des Hachems guerrabas, Sid-el-Aaradj, marabout vénéré, et enfin 12 personnages distingués, mais sans commandement dans ces tribus. Les uns et les autres ont été pris avec leurs familles, leurs fils, leurs frères, leurs neveux ; ils forment avec les premiers un effectif de 383 personnes retenues à la Casbah ; le reste, établi à la Maison Carrée, se compose de 3,224 personnes, ensemble 3,607.

A ces pertes, il faut ajouter celle des ôtages, celle du trésor qui a été saisi entre les tentes d'Abd-el-Kader et celles de Miloud-ben-Arrach, d'où résulte la preuve que si les personnes ont pu échapper par la fuite, rien d'important dans le matériel n'a pu être sauvé; enfin, celle de l'influence morale que doit enlever à Abd-el-Kader un tel revers éprouvé au cœur même de sa puissance.

Depuis que ces prisonniers sont arrivés, une trentaine de cavaliers Hachems sont venus volontairement rejoindre leurs familles.

Paris. — Imprimerie Lange Lévy et Compagnie, rue du Croissant, 16.

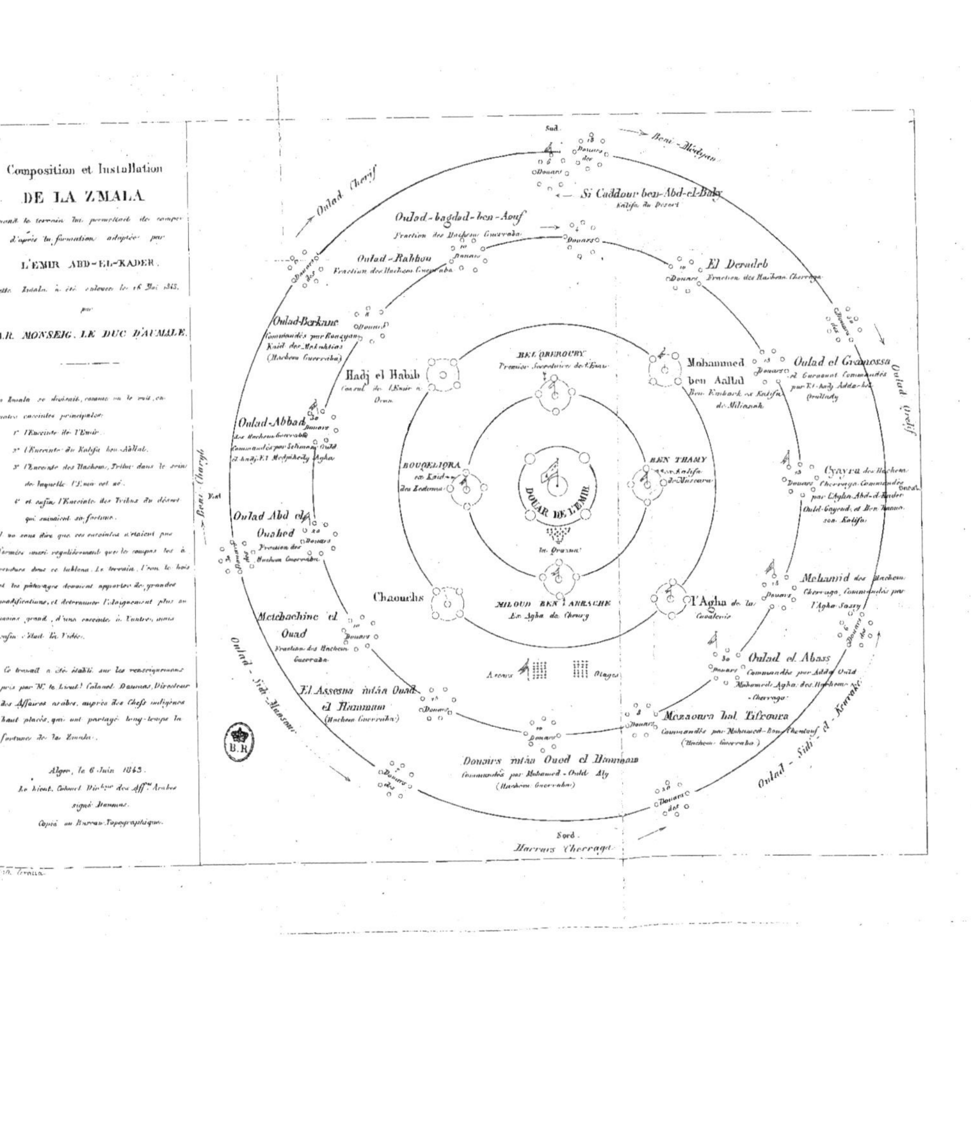
Composition et Installation
DE LA ZMALA
quand le terrain lui permettait de camper d'après la formation adoptée par
L'EMIR ABD-EL-KADER.
Cette Zmala a été enlevée le 16 Mai 1843,
par
S.A.R. MONSEIG. LE DUC D'AUMALE.
La Zmala se divisait, comme on le voit, en quatre enceintes principales:
1° l'Enceinte de l'Emir.
2° l'Enceinte du Kalifa ben-Aâllal.
3° l'Enceinte des Hachem, Tribu dans le sein de laquelle l'Emir est né.
4° et enfin l'Enceinte des Tribus du désert qui suivaient sa fortune.
Il va sans dire que ces enceintes n'étaient pas formées aussi régulièrement que le compas les a rendues dans ce tableau. Le terrain, l'eau, le bois et les pâturages devaient apporter de grandes modifications, et déterminer l'éloignement plus ou moins grand, d'une enceinte à l'autre, mais enfin c'était là l'idée.
Ce travail a été établi sur les renseignemens pris par M. le Lieut. Colonel Daumas, Directeur des Affaires arabes, auprès des Chefs indigènes haut placés, qui ont partagé long-temps la fortune de la Zmala.
Alger, le 6 Juin 1843.
Le Lieut. Colonel Directeur des Affres Arabes
signé Daumas.
Copié au Bureau Topographique.
Sud
Beni-Medyan
Oulad Cherif
Si Caddour ben-Abd-el-Baky
Kalifa du Désert
Oulad-bagdad-ben-Aouf
Fraction des Hachem Gueraba
Oulad-Rahhou
Fraction des Hachem Gueraba
El Deradeb
Fraction des Hachem Cherraga
Oulad-Berkane
Commandés par Bouzyan Kaïd des Mekahlias
(Hachem Gueraba)
Hadj el Habib
Consul de l'Emir à Oran
BEL OREROURY
Premier Secrétaire de l'Emir
Mohammed ben Aâllal
Ben Embarek ex Kalifa de Milianah
Oulad el Ghanessa
Oulad Aïach
Oulad-Abbad
Fraction des Hachem Gueraba
BOUCELIORA
ex Kaïd des Zedama
DOUAR DE L'EMIR
BEN THAMY
ex Kalifa de Mascara
Beni Chougran
Est
Oulad Abd el Ouahed
Fraction des Hachem Gueraba
la Graouïa
Cyayra des Hachem Cherraga
Ouest
Chaouchs
MILOUD BEN ARRACHE
Ex Agha de Cheurg
l'Agha de la Cavalerie
Mehannid des Hachem Cherraga
Metchachine el Ouad
Fraction des Hachem Gueraba
Oulad-Sidi-Mansour
Oulad el Abass
El Assesna mtâa Ouad el Hammam
(Hachem Gueraba)
Mezaoura bel Tafroura
(Hachem Gueraba)
Douairs mtâa Oued el Hammam
(Hachem Gueraba)
Oulad-Sidi-el-Korrahi
Nord
Harrars Cherraga
B.R.

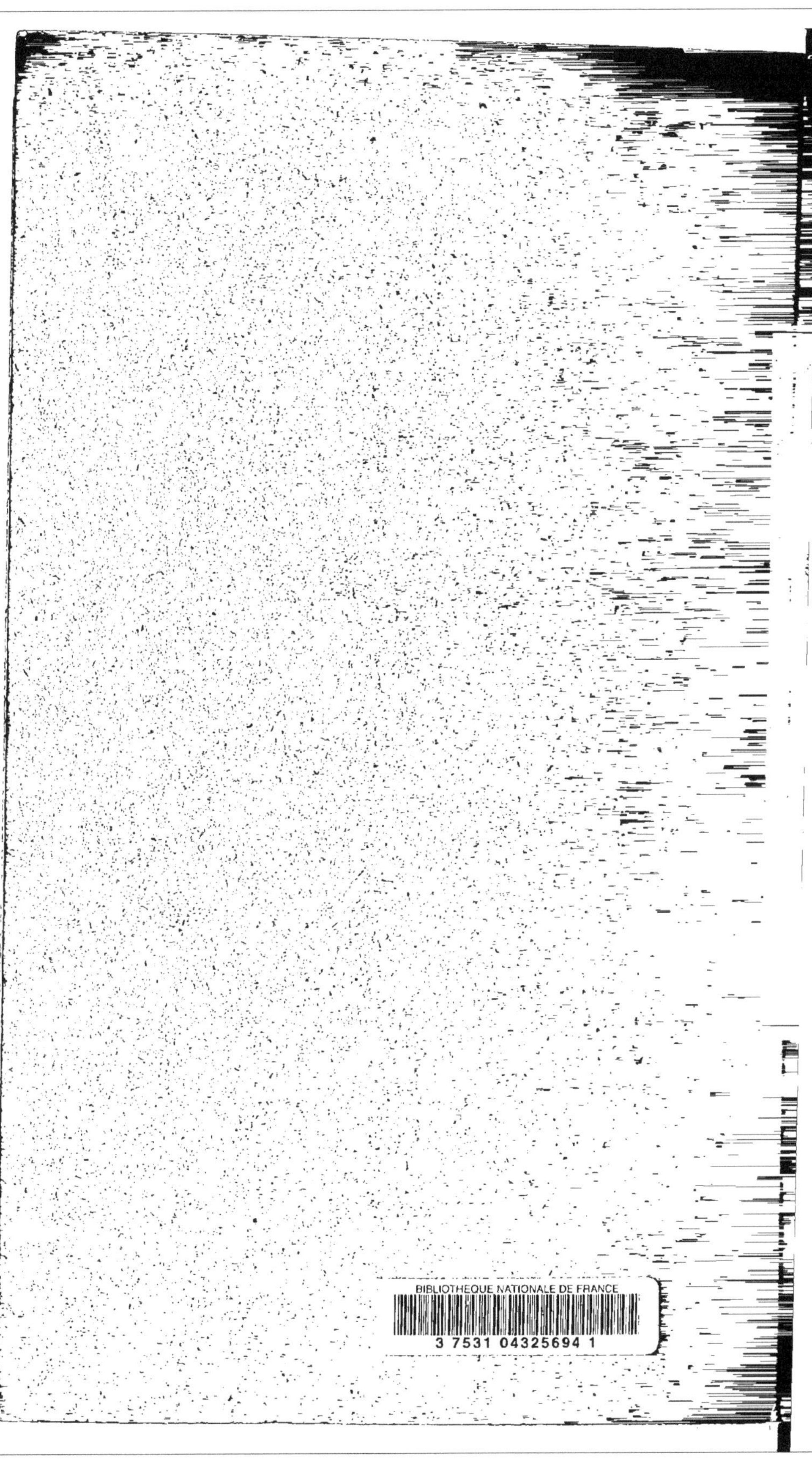

www.ingramcontent.com/pod-product-compliance
Ingram Content Group UK Ltd.
Pitfield, Milton Keynes, MK11 3LW, UK
UKHW021159230726
13926UKWH00001B/190